James Turrell

En introduktion

Niels Kjær: James Turrell. En introduktion

Forlag: BoD – Books on Demand, Hellerup, Danmark
Fremstilling: BoD – Books on Demand GmbH – Norderstedt, Tyskland

ISBN 9788743032915

Fotoet på omslagets forside: Jenny Thaysen Kjær

FSC www.fsc.org
MIX
Papir fra ansvarlige kilder
Paper from responsible sources
FSC® C105338

Indholdsfortegnelse

"De fleste af Turrells værker er kedelige at beskrive, men magiske at opleve."

John McDonald

Forord

Dette lille skrift er tænkt som en kort introduktion til den amerikanske lyskunstner James Turrell. Selv om Turrell er verdensberømt inden for sit felt og meget snart bliver aktuel i Danmark, findes der næsten intet skrevet om ham og hans værk på dansk.

Efter en kort biografisk skitse følger en beskrivelse af kvækeren James Turrell. Turrells optagethed af lyset står nemlig i et nært samspil med hans kvækertro, i hvilken lyset spiller en helt særlig rolle.

De mest unikke og blivende værker i Turrells kunst er de cirka 100 *'skyspaces'* ('himmel-rum'), han har skabt rundt om i verden. Baggrunden for dem beskrives i et særskilt afsnit, der efterfølges af en omtale af det største af alle disse rum, *Roden Crater*, James Turrells livsværk beliggende i Arizonas ørken.

Endelig følger en omtale af den kommende udvidelse af kunstmuseet ARoS i Aarhus. Det centrale element i *The Next Level*, som projektet kaldes, bliver et nyt *'skyspace'*, skabt af James Turrell.

Turrell ønsker ikke det indre af hans 'himmel-rum' gengivet på fotos, fordi lyset aldrig kan blive retvisende på fotografier. Et statisk billede kan umuligt formidle den intense oplevelse.

Som et tillæg til den egentlige fremstilling bringer jeg tre af mine digte, som er inspireret af James Turrells værker.

Aarhus, maj 2021

James Turrell: En biografisk skitse

Som den yngste af en søskendeflok på tre er James Turrell født den 6. maj 1943 i Los Angeles, Californien og opvokset i en kvækerfamilie. Der blev i hans barndomshjem lagt stor vægt på en enkel levevis, både i klædedragt, tale og handling. I 1960 blev Turrell student, men allerede året før fik han – kun 16 år gammel – sit flyvecertificat. Han har i årenes løb foretaget utallige flyvninger, hvilket formodentlig har bidraget til hans intense interesse for himmelrummet.

I sine første studieår tog James Turrell en bachelorgrad ved Pomona College (1965) i psykologi, og han studerede også kunst, matematik, geologi og astronomi. I 1966 begyndte han på University of California at uddanne sig inden for kunst og lavede sine første lysprojektioner. Han forvandlede det tidligere Mendota Hotel i Santa Monica til et værksted, hvor han skabte indfald af både naturligt og kunstigt lys gennem åbninger i bygningen. Turrell blev en hovedkraft i *Light and Space*-bevægelsen, der skabte skulpturer af luft, lys og rum.

Studierne blev imidlertid afbrudt, da Turrell fik en fængselsdom for at have hjulpet en række unge mænd med at undgå militærtjeneste under Vietnamkrigen. Selv har han udtalt, at han ud fra sin tro er imod krig og derfor formidlede juridisk bistand til unge mænd og hjalp dem med at skaffe sig lægeerklæringer om fx øjen-problemer. *"Det var en mærkelig tid i USA's historie,"* siger Turrell. *"Vi bombede Vietnam og fløj samtidig til månen, men sådan er Amerika. Brutal ødelæggelse og smuk optimisme går hånd i hånd."*

Efter sit etårige fængselsophold fortsatte James Turrell sine lyseksperimenter sammen med kunstnere som fx Robert Irwin og Mary Corse, der også virkede inden for bevægelsen *Light and Space*. Samtidig færdiggjorde Turrell i 1973 sine akademiske studier med en kandidatgrad fra Claremont Graduate University.

James Turrell kaldes undertiden, med lidt af en kliché, "vor tids Michelangelo". Han arbejder i næsten alle sine værker med *lyset* som medie. Selv siger han herom: *"Min interesse er i lys. Lyset er altid i bevægelse, så jeg skaber rum for at indsamle og fastholde det... Jeg vil styrke det bånd, så vi kan føle lyset, så vi kan bade i det."*

Nu er det jo slet ikke enestående, at kunstnere arbejder med lys. Turrell peger selv på, at der især i malerkunsten – fra Rembrandt og frem – er en ubrudt tradition for at arbejde med lyset. Det særlige ved Turrells kunst er imidlertid, at han i stedet for at belyse verden fokuserer på lyset selv. Lyset skal ikke åbenbare omverdenen, det er selv åbenbaringen. I et interview med internetmagasinet *Designboom* udtaler han: *"For mig er lys et livsnødvendigt næringsmiddel, næsten ligesom mad. Jeg er optaget af lyset inden i os. Når vi lukker øjnene og drømmer, ser vi et andet lys, end vi gør med åbne øjne. Normalt bruger vi lys til at oplyse tingene rundt om os, men jeg er mere interesseret i det personlige, indre lys*."

James Turrell har de seneste 50 år dels frembragt en lang række *'skyspaces'* ('himmel-rum', dvs. lukkede rum, der lader en del af himmellyset slippe ind gennem en blænde i loftet), dels ved hjælp af kunstigt eller naturligt lys skabt diverse installationer, der viser figurer, som synes at have masse og vægt, men som består af lys.

Turrells værker findes overalt på kloden, i Nord- og Sydamerika, i Europa og Asien. Han har siden 1967 haft store særudstillinger på blandt andet Whitney Museum of American Art (1980) og

Guggenheim Museum (2013) i New York, på Los Angeles County Museum of Art (2013-14), på National Gallery of Australia i Canberra (2014) og på West Bund Long Museum i Shanghai (2017).

I 2009 åbnede et helt museum, The James Turrell Museum, dedikeret til Turrells værker i Colomé i Argentina. Det indeholder ni lys-installationer, heriblandt et *'skyspace'*.

The James Turrell Museum i Argentina

Turrells hovedværk er det gigantiske *Roden Crater* beliggende i Arizona. Her har han siden slutningen af 1970'erne arbejdet på at skabe et helt særligt observatorium.

Kvækeren James Turrell

James Turrell er som sagt opvokset i en kvækerfamilie. Kvækerdommen er en kristen trosretning, der opstod midt i det 17. århundrede i England og derfra bredte sig til resten af verden. Det særlige ved de uprogrammerede kvækere er, at de ikke har præster, men afholder deres andagter i enkle rum i stilhed. Både dåb og nadver opfattes som åndelige sakramenter, der ikke praktiseres fysisk. Kvækerne har ingen trosbekendelse, men de stræber i fællesskab efter sandheden gennem det indre lys, som de tror findes i ethvert menneske. Kvækerne gør ikke militærtjeneste og deltager ikke i krige, fordi de anser det at dræbe som værende i modstrid med Jesu lære. De lever så enkelt som muligt. Der findes i dag cirka 380.000 kvækere på verdensplan, heraf cirka 75.000 i USA og Canada.

Turrell understreger selv i et interview med Gail Whiffin i *Friends Journal* i 2014, at hans kunst ikke primært skal forstås inden for en religiøs kontekst, men befinder sig i kunstens verden. På den anden side, tilføjer Turrell, har kunsten altid været beslægtet med det spirituelle, og han vedkender sig, at hans egen optagethed af lyset som fænomen hænger sammen med hans baggrund som kvæker.

"Min bedstemor plejede at fortælle mig, når vi sad til kvækernes stille andagt, at man skulle søge indad og hilse lyset. Det udtryk slog mig," fortæller Turrell i interviewet i *Friends Journal*.

Mange mennesker, der besøger et af Turrells *'skyspaces'*, beskriver deres ophold i 'himmelrummet' som en åndelig, meditativ oplevelse. Altså netop en oplevelse, der er beslægtet med en vellykket kvækerandagt.

James Turrells andagstsrum i kvækernes mødehus på Chestnut Hill i Philadelphia, Pennsylvania, USA

Turrell har da også designet flere nye mødehuse, der samtidig er en slags *'skyspaces'*, for kvækerne. Ét af dem, beliggende på Chestnut Hill, Philadelphia, hedder netop med reference til Turrells bedstemor *"Greet the Light"* ("Hils lyset"). James Turrell håber gennem sine værker at skabe interesse for nutidens kvækerdom. *"Vi har brug for, at folk opdager, at kvækerne er interesseret i den moderne verden"*, siger han og tilføjer: *"Hvis mine rum kan styrke og vække andagtsmøder til nyt liv, har jeg nået mit mål."*

I en anden forbindelse har Turrell understreget sammenhængen mellem lys og stilhed. Han peger på kvaliteten ved at være stille sammen. *"Det kan være lidt uvant for et kunstpublikum, der som regel taler meget."*

I august 2013 skrev kvækeren Anthony Manousos efter at have set Turrells retrospektive udstilling på Los Angeles County Museum of Art i en kommentar i *Friends Journal: "Som Turrells værk viser, er fysisk lys en mystisk energi, der forandrer alt, skønt den ofte tages for givet. Det samme er tilfældet med det guddommelige lys. Når det usynlige og dog allestedsnærværende guddommelige lys trænger igennem stilheden, ... bliver det synligt i handling."*

James Turrell læste denne kommentar og svarede: *"Disse tanker om slægtskabet mellem det fysiske lys og det guddommelige lys, slægtskabet mellem det materielle og det immaterielle, denne tanke om lyset vi ser i vores drømme, og lyset vi ser med åbne øjne, er meget vigtige for mig."*

James Turrell er med andre ord en religiøs kunstner, selv om det ikke kræver nogen som helst religiøse forudsætninger at opleve hans kunst, og selv om tilskueren måske ikke selv føler, at hun har en religiøs oplevelse derved.

Turrells *'skyspaces'*

Som allerede omtalt ovenfor har James Turrell igennem en længere årrække skabt cirka 100 *'sky-spaces'* ('himmel-rum') i såvel USA som resten af verden. Det typiske *'skyspace'* er et afgrænset rum, hvor der langs kanten er anbragt bænke til de besøgende, som gennem en åbning eller blænde i loftet kan betragte et udsnit af himlen over dem. Ofte er både rummet og åbningen cirkelformede, men de kan også være firkantede. I Skandinavien kan man opleve Turrells 'himmel-rum' i Ekebergparken i Oslo, ved Hardanger-fjorden, øst for Bergen, og i Järna, syd for Stockholm.

Som Henrik Wivel flere steder har påpeget, kan Turrells værker fortolkes som en nyplatonisk manifestation af, at mennesket skal bevæge sig fra en underjordisk skyggeverden op mod himlens overjordiske lys. Mange af rummene er da også helt eller delvist nedgravede i terrænet.

Jori Finkel beskriver i en artikel i *New York Times* et *'skyspace'* som et *"himmelsk betragterrum, designet til at skabe den ret magiske illusion om at himlen er inden for rækkevidde – udspændt som et lærred over åbningen i loftet."*

Hardanger Skyspace

For at få det fulde udbytte af et ophold i et *'skyspace'* må tilskuerne have god tid. Det kræver simpelthen tid for øjnene at vænne sig til mørket i rummets indre, hvis det indtrængende lys oven fra skal kunne værdsættes efter fortjeneste.

Lyset skal bogstavelig talt mærkes i dets fysiske ”tingslighed”. Det indfaldende lys brydes på dets vej ned gennem rummet, og derfor vil det hele tiden blive oplevet foranderligt og forskelligt, afhængigt af tiden på dagen, årstiden og vejret udenfor. To besøg i det samme rum vil aldrig være ens. Himmel-rummets æstetisk enkle indramning bidrager til den sublime oplevelse af – med Jakob Knudsens ord – at *”lyset stander stille på verdens kyst”.*

"Den vidunderlige eliksir af lys er den ting, som faktisk forbinder det immaterielle med det materielle – som forbinder det kosmiske til det jævne hverdagsliv, vi forsøger at leve."

James Turrell

Roden Crater

Et helt specielt – og indtil dato ufuldendt – værk, som Turrell har arbejdet på i over 40 år i Arizonas ørken er *Roden Crater*, der er tænkt som et gigantisk observatorium til studiet af himmelrummet og dets fænomener.

James Turrell foran Roden Crater

Turrell flyttede til Arizona i midten af 1970'erne og købte nogle få år senere den udslukte vulkan *Roden Crater* og det omkringliggende areal. Siden da er tonsvis af affaldsmaterialer blevet fjernet, og der er blevet anlagt åbninger og tunneller, der med tiden skal forvandle krateret til verdens største kunstværk. Blandt inspirationskilderne til værket er pyramiderne. Det vil komme til at bestå af en række underjordiske rum forbundet af tunneller og skakter, der lukker sollyset ind i dagtimerne og synliggør himmelrummet og himmellegemerne ved nattetid.

Indtil nu har kun Turrells venner, særligt dedikerede fans, enkelte journalister, sponsorer samt udvalgte folk fra universitets- og kunstverdenen haft adgang til projektet, men det er planen, at der engang i fremtiden skal være offentlig adgang.

Turrell har indgået partnerskaber med såvel Arizona State University og Los Angeles County Museum of Art, så *Roden Crater* kan bruges til både videnskabelige og kunstneriske formål.

James Turrell på ARoS

Som omtalt på side 9 arbejder James Turrell med både kunstigt og naturligt lys. De mest berømte af hans værker skabt af kunstigt lys, er hele rum, *"Ganzfeld",* hvor tilskuerne indhylles i farvede lysbølger og således mister orienteringen. Turrell har dog også skabt mindre lysinstallationer, hvor han ved hjælp af kunstigt, farvet lys frembringer rumlige effekter. Et eksempel kan ses på kunstmuseet ARoS i Aarhus. I et af de ni rum på Niveau 0 med installationskunst, finder man nemlig Turrells *"Milkrun III"* fra 2002. For enden af rummet møder tilskuerne et rødt lysfelt, der brydes af blå og gule lysstriber, hvorved der skabes en illusion om tredimensionalitet.

I øjeblikket arbejder ARoS på en udvidelse af museet, *The Next Level*, som ventes at stå færdig i 2023. Et nyt *'skyspace', "The Dome"* skabt af James Turrell, bliver en central del af projektet, der desuden kommer til at bestå af et underjordisk udstillingsgalleri på 1.000 kvadratmeter samt *"The Annual ARoS Pavilion",* hvor innovative arkitekter hvert år vil bygge en ny midlertidig pavillon.

ARoS i baggrunden med den græstklædte 'The Dome' i forgrunden

"The Dome" vil blive forbundet med det nuværende museum ved en underjordisk gang, der vil udgå fra niveau 3. Det vil blive et delvist underjordisk, cirkulært rum med en diameter på cirka 40 meter og en loftshøjde på 15 meter.

Når man gennem gangen ankommer til 'katedralen', vil det kræve nogle minutter, før blikket vænner sig til den dunkle belysning. Som i den klassiske basilika *Pantheon* i Rom vil lyset falde ind i rummet gennem et cirkulært hul i lofthvælvingen. Lyset vil være forskelligt fra gang til gang afhængigt af tid og vejrlig. Hvis det regner eller sner, vil der også falde nedbør i rummet. Lys og luft vil således virkelig få nærvær og realitet.

Litteratur

Giménez, Carmen et. al.: *James Turrell.* Guggenheim Museum Publications, 2013.

Govan, Michael and Christine Y. Kim: *James Turrell: A Retrospective.* Los Angeles County Museum of Art, 2013.

Kjær, Niels: *Vennernes samfund. Kvækerne i fortid, nutid og fremtid.* Books on Demand, 2020.

Sørensen, Jens Erik: *Starlight: James Turrell, Maurizio Nannucci, Bruce Nauman.* Aarhus Kunstmuseum, 1994.

Wivel, Henrik: *Tidslys. 12 essays om at søge tilbage og finde frem.* Kristeligt Dagblads Forlag, 2020.

Artikler og interviews:

James Turrell interview on 'the light inside people'. Designboom, 16. oktober 2018.

McDonald, John: *James Turrell: A Retrospective. Sydney Morning Herald*, 7. februar 2015

Whiffen, Gail: *James Turrell: Beyond the Skyspace. Friends Journal,* januar 2014.

Andet:

Diverse dagbladsartikler med omtale af ARoS' udvidelse.

Udstillingen *The Next Level & James Turrell – While we are Waiting,* ARoS 2020-21.

Det sfæriske lys

Tre digte af Niels Kjær

Luise Bourgeois' *Maman* på Guggenheim, N.Y.

Guggenheim genbesøgt

Sidst jeg var her
regerede Louise Bourgeois
i Guggenheims spiralsnoede indre.
Hendes gigantiske spiderwoman
indfangede os
i sine skræmmende spind
og mystiske mønstre.
Nu er sneglehuset
forvandlet og fortryllet.
Maman er forsvundet og erstattet
af et lysende væsen
hentet ud af eventyrets fantastiske verden.
Vi ligger på ryggen
svøbt i sfæriske bølger
og kigger op og op
og højere op.
Rødt, gult, orange, blåt, lilla
blander sig med dagslyset
og skaber stoflig eufori.

Frank Lloyd Wright og James Turrell
mødes i en tavs win-win-situation
og hilser andægtigt på hinanden.
Sammen overbeviser de os om
at himlen er på jorden
og at lyset er det
der er.

Guggenheim Museum i New York viste en retrospektiv udstilling af Louise Bourgeois' værker i sommeren 2008 og en retrospektiv udstilling af James Turrells værker i sommeren 2013.

The Next Level

Midt i universet
midt i verden
midt i landet
midt i byen
ligger ARoS.

Her i kunstens hellige kube
er der naturligvis intet billedforbud,
men hvis du vælger at træde indenfor
må du som alle andre spille med
i den guddommelige komedie.

Mellem himmel og helvede
vil du møde engle og dæmoner
horer og helgeninder
kraftkarle og krøblinger
og du må uden forbehold
hilse dem alle velkomne.

Allerede nu kan du lege skywalker
og gå gennem regnbuen

fra jord til himmelrum.
Efter en nedfart til dødsriget
venter på det næste niveau
det sfæriske lys.

Den planlagte udvidelse af Kunstmuseet ARoS i Aarhus har projekt-titlen 'The Next Level'.

While we are waiting

Som barn ønskede han
at røre ved drømmenes lys.
Som voksen bygger han
lysende verdenener
af sine klare syner.

Her i Aarhus går vi og venter
og mens vi venter
læser vi
om den hvidskæggede mester
der af sin bedstemor
lærte at hilse lyset.

Ja, mens vi venter
stiger forventningerne.
Håbet om
at lyset
som det er i sig selv
vil åbenbare sig
og afsløre sandheden.

Og så
mens vi venter
på at se
os selv se
husker vi pludselig –
og sluses indad
og opad
og hjem igen.
Husker at lyset
allerede er her
midt iblandt os.

'The Next Level & James Turrell – While we are Waiting' er titlen på en udstilling på Kunstmuseet ARoS fra november 2020 til september 2021.